Written by /Escrito por: Terri Williams

Illustrated by /Illustrado por: Nisa Kuzucan

Geneva Counts with Grandpa
Learning to Count from 0-10

Geneva Cuenta con el Abuelo
Aprendiendo a Contar del 0-10

Geneva Counts with Grandpa
Learning to Count from 0-10
Geneva Cuenta con el Abuelo
Aprendiendo a Contar del 0-10

© 2021 by/por Terri Williams
Editor/Editor: Windy Goodloe
Translation/ Traducción: Patricia Fonseca
Cover Design and lllustrations/Diseño de cubierta e ilustraciones:
Nisa Kuzuan

All Rights Reserved. No part of this publication may be reproduced, stored in a retrieval system, or transmitted in any form by any means electronic, mechanical, or photocopying, recording, or otherwise without the prior written permission of the author.
Reservados todos los derechos.No se permite reproducir, almacenar en sistemas de recuperación de la información ni transmitir alguna parte de esta publicación,cualquiera que sea el método empleado, electrónico,mecánico,fotocopiado, grabación o cualquier otro método sin el permiso por escrito previo del autor.

ISBN- 978-1-7341544-2-9 paperback/ libro de pasta blanda
ISBN-978-1-7341544-3-6 hardcopy/libro de pasta dura

To contact the author, please email:
Para contactar al autor, por favor enviar email:
Terriwriteschildrenbooks@gmail.com

Dedication Page

Geneva Counts with Grandpa is in memory of my maternal and paternal grandparents.
I was inspired to write this book because my grandparents and I share a love of gardening.

In Addition,

I would like to give a big thanks to my wonderful and supportive husband, family, and friends for their support during this writing journey.

Página de dedicación

Geneva Cuenta con el Abuelo es en memoria de mis abuelos paternos y maternos.
Me inspire en escribir este libro porque mis abuelos y yo compartimos el amor por la jardinería.

Además

Me gustaría dar un gran agradecimiento a mi maravilloso y solidario esposo, familia y amigos por su apoyo durante este viaje de escritura.

This is Geneva and her grandfather. She loves him very much.

Ella es Geneva y su abuelo. Ella lo quiere muchísimo.

Grandpa told Geneva that he would teach her all about counting fruits in the garden as they walked to the backyard.

El abuelito le dijo a Geneva que él le enseñaría todo acerca de cómo contar las frutas en el jardín, mientras ellos caminaban hacia el patio.

When they reached the garden, Geneva asked Grandpa, "How many fruits do you have in your garden? And what are they doing?"

En cuanto ellos llegaron al jardín, Geneva le preguntó a su abuelito,"¿Cuántas frutas tienes en tu jardín? Y ¿Qué están haciendo?

Oh! So many questions were flowing in her mind.

¡Oh! Demasiadas preguntas surgían en su mente.

Grandpa replied, "Geneva, use your imagination and tell me what you think they are doing. Geneva smiled and said, "I will use my imagination."

El abuelito le contestó: "Geneva, usa tu imaginación y dime, ¿qué crees tú que están haciendo? Geneva sonrió y le dijo: "Usare mi imaginación".

Zero grapes on the stem.
They were delicious.

$$\boxed{0}$$

Cero uvas en el tallo.
Estaban deliciosas.

One banana is beautiful
and loves to dance.

$$\boxed{1}$$

Uno de los plátanos es
hermoso y adora bailar.

Two apples are nervous.
Which one will fall down first?

$$\boxed{2}$$

Dos manzanas están nerviosas.
¿Cuál de ellas caerá primero?

Three mangoes are performing on stage. They are in a rock band.

$$\boxed{3}$$

Tres mangos actuando en el escenario. Ellos están en una banda de rock.

Four pineapples are at the beauty parlor, getting their hair shampooed and styled.

4

Cuatro piñas están en el salón de belleza, les dan shampoo y estilizan el cabello.

Five kiwis are relaxing in the sun on the beach.

5

Cinco kiwis en la playa se relajan bajo el sol.

Six strawberries are playing football on the playground.

$$\boxed{6}$$

Seis fresas en el patio juegan fútbol americano.

Seven blueberries are flying in a hot air balloon.

$$\boxed{7}$$

Siete moras azules vuelan en un globo aerostático.

Eight blackberries are playing soccer on the field.

$$\boxed{8}$$

Ocho moras juegan fútbol en el campo.

Nine plums are going for a walk in the park.

$$\boxed{9}$$

Nueve ciruelas salieron al parque a caminar.

Ten tomatoes are playing in the mud after it rains.

10

Diez jitomates están jugando en el lodo después de la lluvia.

Geneva was so excited and proud that she was able to count to ten.

Geneva estaba muy emocionada y se sentía orgullosa de haber podido contar hasta diez.

Terri Williams is an educator, mentor, and tutor to school-age children and young adults. She believes that every child is a writer and illustrator. She also believes we all have a story to write and share with the world.

Terri is originally from New Orleans, Louisiana, and has a bachelor's degree in elementary education. As an educator, her primary goal is to inspire students to be lifelong learners.

Terri is also the proud author of Jamarcus's Preschool Day (released October 2019), her first children's book and Caleb Counts with Mom (released December 2020).

Terri Williams es educadora, consejera y tutora de niños en edad escolar y adultos jóvenes. Ella cree que todo niño es un escritor e ilustrador. Ella también cree que todos tenemos una historia que escribir y compartir con el resto del mundo.

Terri es originaria de Nuevo Orleans, Louisiana, cuenta con una Licenciatura en Educación Primaria y su principal meta es inspirar a los estudiantes a querer ser aprendices de por vida.

Terri es también la orgullosa autora de Jamarcus's Preschool Day(lanzamiento Octubre 2019), su primer libro infantil y Caleb Counts with Mom/ Caleb Cuenta con Mama (lanzamiento Diciembre 2020).

www.ingramcontent.com/pod-product-compliance
Lightning Source LLC
Chambersburg PA
CBHW061115070526
44583CB00027B/3303